AF331435

UNIVERSITÉ DE FRANCE.

FACULTÉ DE DROIT DE STRASBOURG.

ACTE PUBLIC

SUR

LES DONATIONS ENTRE-VIFS

ET LES TESTAMENS;

*Qui sera soutenu à la Faculté de Droit de Strasbourg,
le Jeudi 23 Août 1827, à 4 heures après midi,*

POUR OBTENIR LE GRADE DE LICENCIÉ EN DROIT,

PAR JUSTIN FERROUX,

BACHELIER ÈS-LETTRES ET EN DROIT,

DE SALINS (DÉPARTEMENT DU JURA).

STRASBOURG,

De l'imprimerie de Levrault, imprimeur de la Faculté de Droit.
1827.

M. Arnold, Doyen de la Faculté de Droit.

EXAMINATEURS :

MM. Rauter,
    Arnold,
    Thieriet de Luyton, } Professeurs.
    Briffault............ Professeur-Suppléant.

DES
DONATIONS ENTRE-VIFS
ET DES TESTAMENS.

CHAPITRE PREMIER.

Dispositions générales.

1.

La faculté de donner prend sa source dans le Droit des gens ; celle de tester dérive du Droit civil.

2.

Tous les modes de disposer, sans en excepter le testament, sont, par rapport à la donation, ce que les espèces sont au genre.

3.

Les donations à cause de mort sont implicitement proscrites par l'article 893.

4.

La définition que le Code donne de la donation renferme le germe de presque toutes les règles sur cette matière : il en résulte surtout trois conséquences :

La première est que cette donation ne peut avoir lieu pour les biens à venir, sauf les exceptions portées aux chapitres VIII et IX du titre II du Code.

La seconde est qu'elle serait nulle, si elle renfermait une condition dont l'effet serait d'attribuer au donateur le droit de laisser à son gré subsister la donation ou de l'anéantir.

La troisième est que le donateur ne peut imposer arbitrairement au donataire l'obligation d'acquitter toute sorte de charges ou de dettes.

5.

La donation entre-vifs ne pouvant affecter que les biens présens, il s'ensuit que celui qui veut donner une somme ou une redevance annuelle, qui ne devrait être payée qu'à son décès, doit donner cette somme ou cette redevance sur ses biens présens. S'il était dit dans la donation que ce serait à prendre sur les biens qu'il laisserait à son décès, la donation serait nulle.

6.

La donation est un contrat. Lorsque le donateur s'oblige tout seul, le contrat est unilatéral. Quand, au contraire, des charges sont imposées au donataire, le contrat est synallagmatique ou bilatéral. Dans ce dernier cas, le donataire ne peut pas abdiquer la donation et se dispenser des charges qu'il s'était imposées envers le donateur. Bien plus, en supposant même la donation purement gratuite, le donataire ne pourrait la répudier au préjudice des tiers qui auraient contracté avec lui.

7.

Les parties peuvent bien se départir d'une convention qu'elles ont déjà faite, et il ne serait pas nécessaire qu'il y eût une seconde donation de la part du donataire pour remettre les objets au pouvoir du donateur; mais la résolution de la donation ne peut jamais se faire en fraude des tiers.

8.

On ne pourrait pas se décider, pour la faculté d'abdiquer contre le gré du donateur, sur le fondement que celui-ci aurait la liberté de demander la résolution de la donation, et de rentrer dans la possession des biens donnés, en cas d'inexécution des engagemens du donataire.

Mais si un majeur donataire ne peut, contre le gré du donateur, répudier une donation qui, par la nature des conditions qu'elle renferme, est un contrat synallagmatique, il est évident qu'il peut ne pas en être de même dans le cas où le donataire est mineur, interdit, ou autrement incapable de s'obliger.

9.

Les donations faites au profit d'hospices, des pauvres d'une commune, ou d'établissemens publics, et qui contiendront des engagemens respectifs, ne pourront être abdiquées contre le gré du donateur, lorsque les formalités voulues par l'article 937 auront été remplies.

10.

Les obligations du donataire, quant au paiement des dettes, sont les suivantes :

La donation d'objets particuliers (*certarum rerum*) n'emporte de droit aucune obligation de payer les dettes, lesquelles sont toujours à la charge du donateur ou de sa succession. Le donataire ne peut être actionné qu'hypothécairement, sauf son recours. Les charges réelles affectées particulièrement sur un ou plusieurs des objets donnés, comme une rente foncière, les suivent toujours, quoique la donation n'en fasse pas mention.

Dans le cas de donation universelle ou à titre universel, ou les dettes qui devront être à la charge du donataire, ne sont point expliquées dans l'acte, ou elles le sont.

Si les dettes ne sont pas expliquées, il résultera contre le donataire une obligation de payer les dettes existant lors de la donation, hypothécaires ou chirographaires, pourvu néanmoins que ces dernières aient une date certaine avant la donation : savoir, pour la totalité, si la donation est universelle, et pour une portion correspondante, si elle est d'une partie de tous les biens; et si la donation portait sur tous les immeubles, ou sur tout le mobilier, ou seulement sur une quotité de tous les immeubles ou de tout le mobilier, alors le donataire serait tenu des dettes en proportion de la valeur des objets donnés, respectivement à celle de tous les biens présens du donateur.

11.

En général, le donateur n'est pas tenu à la garantie des choses données, à la différence du vendeur, à moins qu'il ne se soit spécialement soumis à cette garantie. Ainsi, en cas d'éviction par la suite, ou d'une demande en revendication, ou d'une action hypothécaire, il n'y a point de recours contre le donateur, pas même pour la répétition des frais occasionés par la donation.

Il y a cependant deux cas qu'on doit excepter de cette règle :

Le premier est celui où il s'agit d'une donation rémunératoire.

Le second est celui où le donateur aurait fait la donation par dol, avec connaissance que ce qu'il donnait n'était pas à lui, et dans la vue d'exposer le donataire à une éviction certaine, et de le constituer en dépense.

Cependant si le donataire, pour éviter un délaissement hypothécaire, avait payé un créancier du donateur, ou que l'héritage eût été vendu par suite du délaissement, et que sur le prix le créancier eût été payé, le donataire pourrait dans tous les cas, qu'il y eût garantie ou non dans la donation, réclamer contre le donateur le remboursement de la créance acquittée, de la même manière qu'un tiers peut agir contre un débiteur dont il a payé la dette.

12.

L'acceptation est un des élémens dont se compose la donation. Elle tient à son essence : le donateur n'est point lié tant qu'il n'a pas la certitude que son bienfait est accepté : *Non potest liberalitas nolenti acquiri.* Il n'y a donc de donation que du jour de l'acceptation, d'où il suit qu'il n'y en aurait jamais, si l'acceptation n'était pas faite du vivant du donateur, et par le donataire ou par un fondé de pouvoir. Les héritiers du donataire l'accepteraient en vain du vivant du donateur; la donation ne concerne que le donataire, et elle ne peut exister que par le concours du donateur et du donataire.

13.

De la définition du testament donnée par le Code, il résulte clairement que son caractère propre est de ne porter que sur les biens que le testateur laisse en mourant, et de pouvoir être révoqué jusqu'à sa mort, d'après le principe : *Voluntas hominis ambulatoria est usquè ad mortem;* ce qui est bien différent de la donation entre-vifs, qui saisit le donataire à l'instant, et qui est irrévocable.

14.

Le testament, quelque ancien qu'il soit, doit toujours être exécuté, lorsqu'il est produit au décès du testateur. Un pareil acte n'est sous aucun rapport susceptible de prescription. Il tient sa force de la présomption de persévérance de volonté de la part du testateur, qui fait considérer le testament comme confectionné immédiatement avant le décès.

Il n'y a d'exception à ce sujet que pour certains testamens privilégiés, dont la durée, relativement à leur forme, est limitée par la loi, tels que les testamens militaires, ceux faits en temps de peste, et enfin ceux faits sur mer.

15.

Le testament serait sans effet par le défaut de volonté, si le testateur avait été forcé à le faire par des voies de fait ou par violence.

16.

Si quelqu'un avait été empêché de tester, ou si son testament avait été supprimé ou altéré, il en résulterait une action en faveur des parties intéressées. Il s'agirait alors de délits qui pourraient être poursuivis en justice, et qui donneraient lieu à des peines correctionnelles et à des dommages-intérêts, selon les circonstances et d'après la nature des preuves.

17.

Si un particulier, après avoir fait un testament olographe, qu'il aurait daté et signé, faisait de nouvelles dispositions au bas de cet acte sans les dater, ces dispositions seraient nulles.

18.

Un testament, nul comme mystique, est valable comme olographe, s'il est écrit, daté et signé par le testateur.

19.

Le testament par acte public ne serait pas nul, par cela qu'il n'aurait pas été fait en un seul temps et sans intervalle. Cette unité d'action est spéciale pour les testamens mystiques.

20.

Celui qui aurait été interdit ne pourrait pas, pendant cet état d'interdiction, révoquer le testament qu'il aurait fait auparavant.

21.

La condition de faire ce que les lois défendent, ou de renoncer à des droits qu'elles donnent, et que l'ordre public veut qu'on exerce, tels que ceux attachés au titre de citoyen, et d'autres semblables, doit être assimilée aux conditions vraiment impossibles.

22.

Toute condition qui tendrait à gêner la liberté sous le rapport des idées religieuses, telle que celle qui prescrirait un changement de religion, est considérée comme contraire aux lois qui garantissent la liberté morale, et est par conséquent nulle.

La condition d'embrasser l'état de prêtrise doit être placée sur la même ligne. Mais il n'en serait pas de même de celle qui résoudrait la disposition dans le cas où le donataire prendrait cet état.

23.

La condition de ne pas se marier, ou qui tendrait à faire rompre les liens d'un mariage déjà contracté, ou celle qui est imposée à quelqu'un qui est veuf de ne pas se remarier, doit aussi être regardée comme nulle.

24.

Les conditions, soit suspensives, soit résolutoires, ne vicieraient pas la donation entre-vifs, quand elles ne pourraient se vérifier par l'événement qu'à la mort du donateur ou après.

CHAPITRE II.

*De la capacité de disposer ou de recevoir par donation
entre-vifs ou par testament.*

25.

Les incapacités sont absolues ou relatives. Les incapacités absolues sont celles qui empêchent de donner ou de recevoir indéfini-
ment et à l'égard de toutes personnes. L'interdit et le mort civilement sont dans l'incapacité absolue, le premier de donner, le second de donner et même de recevoir, si ce n'est pour cause d'ali-
mens.

Les incapacités relatives sont celles qui empêchent de donner à
certaines personnes seulement, ou de recevoir d'elles, comme pour
le mineur à l'égard de son tuteur, le médecin à l'égard de son ma-
lade. Celui qui est capable de recevoir n'est pas toujours capable
de donner, et *vice versâ.*

26.

Il doit être permis aux parties intéressées qui veulent attaquer
une donation ou un testament, de prouver par tous les moyens lé-
gaux les faits qui tendent à établir que le donateur ou le testateur
n'était pas sain d'esprit à l'époque de la confection de l'acte, quoique son interdiction n'eût pas été provoquée.

27.

L'action en nullité pour cause de captation ou de suggestion
n'est pas abolie par le Code, quoiqu'elle ne s'y trouve pas formel-
lement exprimée. L'état de séduction ou d'obsession dans lequel
on suppose le testateur ou le donateur, exclut la liberté d'esprit
exigée pour ces actes par l'article 901.

(11).

28.

On pourrait même attaquer une donation ou un testament
comme inspirés seulement par la colère, celui qui agit sous l'in-
fluence de cette passion n'étant pas sain d'esprit.

29.

En règle générale, le mineur ne peut pas faire de donation ; mais
il lui est loisible de disposer de cette manière dans son contrat de
mariage, en faveur de son conjoint, et avec l'assistance des parens
dont le consentement est exigé pour le mariage.

Il est à remarquer seulement qu'une fois l'union contractée, il
ne pourrait plus donner à son conjoint par une disposition entre-
vifs, que lorsqu'il serait parvenu à sa majorité.

30.

Celui qui, sans avoir été interdit, a été forcé de recevoir un
conseil judiciaire, ne peut donner entre-vifs sans l'assistance de
ce conseil ; mais il conserve dans toute sa plénitude la faculté de
tester seul.

31.

La femme mariée, même non commune ou séparée de biens, et
encore sous le régime dotal, ne peut disposer à titre onéreux, ni à
plus forte raison à titre gratuit, de ses immeubles ni de ses biens
paraphernaux, sans l'assistance ou le consentement spécial de son
mari, ou sans l'autorisation exigée par l'article 905.

32.

Sous le régime dotal, une conséquence directe de l'inaliénabilité
de la dot a dû être l'interdiction contre la femme de donner ses
biens dotaux ; elle n'a cette capacité que dans les cas déterminés

par les articles 1555 et 1556, et avec les formalités qui y sont in-
diquées.

33.

On ne peut étendre les incapacités d'une personne ni d'un cas à
l'autre : ainsi la prohibition renfermée dans l'article 907 ne portant
que sur le tuteur ou sur celui qui l'a été, on ne doit pas l'appliquer
aux enfans ou autres héritiers de ce dernier, lorsque la disposition
est faite après sa mort, quoiqu'ils n'eussent pas rendu ni fait apurer
le compte au lieu de celui qu'ils représentent.

34.

On ne peut pas l'étendre non plus aux subrogés tuteurs, aux cu-
rateurs, ni aux instituteurs; seulement, dans ces différens cas, on
peut facilement présumer la captation.

35.

Le défaut de paiement d'un reliquat apuré, qui n'est qu'une
simple créance en faveur du mineur, ne doit pas produire le même
effet ni la même présomption de captation que la tutelle et l'admi-
nistration.

36.

Si celui qui est ou qui a été tuteur, sans être ascendant, était un
des héritiers du mineur disposant, la nullité de la disposition ne
frapperait point sur la portion qu'il devrait avoir en vertu de la loi
comme héritier; il serait seulement privé de l'effet de la disposition.

37.

La prohibition contenue dans l'article 909 s'étendait autrefois aux
maîtres-ouvriers à l'égard de leurs apprentis, aux maîtres par rapport aux domestiques, aux avocats et procureurs vis-à-vis de leurs
cliens, et au capitaine relativement à son soldat; mais il faut la res-

treindre aux personnes mentionnées dans l'article précité. On peut cependant leur joindre les empiriques, les charlatans, mais non les garde-malades. Enfin, la prohibition finale de cet article ne peut s'appliquer aux ministres du culte protestant, qui n'admet point la confession auriculaire.

38.

La seconde partie de l'article 911 établit une présomption de droit, contre laquelle aucune preuve n'est admise; toutefois elle n'exclut pas celle de l'interposition d'autres personnes; et si le médecin et les autres individus désignés par l'article 909 étaient héritiers présomptifs de celui auquel le défunt a donné, il ne faudrait que quelque indice grave pour faire annuler la disposition.

39.

Toute disposition directe ou indirecte faite à l'individu qui va devenir l'époux de l'incapable, est nulle.

40.

On ne doit pas appliquer la disposition de l'article 911 aux ascendans, descendans et conjoint du mort civilement, ni les frapper comme lui d'une incapacité *générale* de recevoir.

41.

Les règles relatives aux donations déguisées sous la forme de contrats onéreux ne s'appliquent point au cas où les libéralités déguisées seraient faites à des personnes d'ailleurs capables de recevoir à titre gratuit.

42.

On peut disposer au profit d'enfans qui ne sont pas encore conçus, par donations de biens à venir, et dans le cas des substitutions permises par la loi.

43.

Après avoir déterminé quelles sont les personnes capables de donner ou de recevoir, il reste à fixer à quelle époque elles doivent avoir cette capacité.

Il faut distinguer dans cette matière les donations entre-vifs des dispositions testamentaires.

Pour qu'une disposition testamentaire soit valide, il faut que le disposant ait eu la capacité de la faire, et à l'époque où il l'a faite et à celle de sa mort. Cependant si l'incapacité survenue depuis l'acte venait de quelque défaut naturel, comme si le testateur était devenu insensé, son testament, fait dans un temps où il était sain d'esprit, serait valide.

Mais si l'incapacité survenue venait de la mort civile qu'il eût encourue, le testament fait auparavant serait nul; il reprendrait néanmoins toute sa force, si à l'époque de sa mort il était réhabilité; car on ne considère pas le temps intermédiaire entre la confection de l'acte et le décès : *Media tempora non nocent.* Cette règle sur les incapacités dans les temps intermédiaires s'applique également aux incapacités de recevoir.

Quant à la qualité passive de recevoir par testament, on ne la considère qu'au temps de la mort du testateur.

Relativement aux dispositions conditionnelles , lorsque la condition s'étend au-delà du décès du testateur , la capacité du donataire n'est exigée qu'au temps de l'accomplissement de la condition. Mais il est bien entendu que pour ces dispositions, comme pour les dispositions pures et simples, il faut que le donataire soit existant ou conçu au moment du décès du donateur : *Esse enim debet cui datur.*

A l'égard de la donation entre-vifs, la capacité n'est requise pour donner et pour recevoir, qu'à l'époque où elle est faite et acceptée. Cependant si le donateur était incapable au moment de la dona-

tion, et capable au moment de l'acceptation, le donateur ayant per-
sévéré dans la même volonté sans révoquer, la donation serait
valide.

44.

Les articles 896, 897, 898 ont été abrogés ou rendus inu-
tiles par la loi sur les substitutions, adoptée le 10 Mai 1826. Je me
bornerai à tirer de cette loi les deux propositions suivantes :

Dans le cas où un étranger grèvera un étranger de substitution,
elle ne pourra comprendre que les petits-fils du donataire ; si c'est
au contraire un père qui dispose, la substitution s'étendra aux
arrière-petits-enfans.

La substitution ne peut pas être faite à un étranger, à la charge
de rendre à un autre étranger.

45.

L'article 912 a été également abrogé par la loi du 14 Juillet 1819,
qui a aboli entièrement l'ancien *droit d'aubaine*, lequel rendait
les étrangers incapables de succéder ou de recevoir en France, et
faisait passer à l'État les biens qu'ils laissaient à leur mort dans le
territoire du royaume.

JUS ROMANUM.

De substitutionibus.

I.

Heredes aut instituti dicuntur, aut substituti : instituti, primo gradu; substituti, secundo vel tertio.

Substitutio est igitur institutio secundi vel tertii heredis in defectum primi aut secundi.

II.

Substitutionum quatuor sunt species : substitutio vulgaris, pupillaris, quasipupillaris vel exemplaris, fideicommissaria.

III.

Ad substitutionem directam tres primæ species pertinent, quarta ad obliquam.

IV.

Substitutio vulgaris est designatio heredis ulterioris in casum deficientis anterioris. Hæc fit quoties anterior heres vel non vult, vel non potest heres esse.

V.

Substitui hoc modo possunt et plures in unius locum, vel unus in plurium, vel singuli in singulorum, vel invicem ipsi qui heredes instituti sunt, quæ ultima substitutionis species *reciproca* vel *mutua* vocatur.

VI.

Si in disparibus partibus heredes scriptos invicem substituerit testator, et nullam mentionem in substitutione partium habuerit, eas videtur in substitutione partes dedisse, quas in institutione expressit.

VII.

Liberis impuberibus, quos in potestate quis habet, testamentum facere potest, donec masculi ad quatuordecim annos perveniant, feminæ ad duodecim : hæc est pupillaris substitutio.

VIII.

Fundamentum substitutionis pupillaris est patria potestas : undè pater solus substituere potest, non mater, nec extranea persona : undè etiam liberis tantùm qui sunt in potestate substituere potest, sicut et posthumis, non verò naturalibus nec emancipatis, nec nepotibus, si deinceps in patris potestatem recasuri sint.

IX.

Substituere liberis tàm heredibus institutis quàm exheredatis potest, et tàm eum quem heredem sibi instituit, quàm alterum.

X.

Substituere liberis pater non potest, nisi heredem sibi instituerit; nam sine heredis institutione nihil in testamento scriptum valet.

XI.

Quisquis impuberi testamentum facit, sibi quoque debet facere. Cæterùm soli filio non poterit, nisi forte miles sit. Adeò autem, nisi sibi quoque fecerit, non valet, ut, nisi adita quoque patris hereditas sit, pupillare testamentum evanescat.

XII.

Priùs autem sibi quis heredem debet scribere, deindè filio substituere, et non convertere ordinem scripturæ. Aliter non valet testamentum.

XIII.

Substituitur autem impuberi aut nominatim, veluti *Titius ;* aut generaliter, ut *quisquis mihi heres erit.* Quibus verbis vocantur ex substitutione, impubere mortuo filio, illi qui et scripti sunt heredes, et extiterunt, et pro quâ parte heredes facti sunt. Prior substitutio *pura*, altera *conditionalis* vocatur.

XIV.

Si pater filio impuberi eosdem quos sibi et alium prætereà heredem instituit, bonorum filii hunc, cæteros patris heredes communiter dimidiam ità habere placet, ut unus semis apud heredem particulariter designatum maneat, alterius semissis pro his partibus inter heredes paternos divisio fiat, quibus ex partibus hereditatem paternam haberent.

XV.

Ultrà pubertatem substitutio pupillaris nullum producit effectum, quamvis ad brevius tempus substituere licitum sit. Prætereà extinguitur infirmato patris testamento, ut et si filius desierit, tempore mortis patris, in ejus potestate esse.

XVI.

Quo gradu heres liberis substituatur nihil interest.

XVII.

Substitui liberis is etiam potest, qui post mortem ejus natus fuerit, cui substitutus heres fuerit.

XVIII.

Ad exemplum pupillaris substitutionis, ab Justiniano introducta est substitutio furiosorum et mente captorum, quæ quasipupillaris vel exemplaris, itemque Justinianea vocatur. Quâ prospectum est, ut si qui mente captos habeant filios, vel nepotes, vel pronepotes cujusque sexûs vel gradûs, liceat eis, etsi puberes sint, certas personas substituere.

XIX.

Differt. à pupillari substitutione :

1.° Quòd quasi pupillariter substituunt parentes utriusque sexûs;

2.° Quòd, ut jàm dictum est, substituitur etiam puberibus;

3.° Quòd minimè pro lubitu parentes quemlibet substituere possunt, sed antè omnia dementis liberos, his deficientibus, fratres ejus sororesque substituere tenentur;

4.° Quòd substitutio evanescit, si resipuerit is cui substitutum est.

XX.

Reverà hæ tres speciès substitutionum magis videntur esse novæ heredum institutiones quàm substitutiones propriè dictæ.

XXI.

Veşâ substitutione, quæ fideicommissaria vocatur, hereditas aut quota ejus pars hâc lege relinquitur, ut alicui restituatur.

XXII.

Omnia fideicommissa primis temporibus infirma erant, nec perfectam producebant obligationem, quia nemo invitus cogebatur præstare id de quo rogatus erat. Deindè Augustus ad necessitatem juris primus ea retraxit.

XXIII.

Fideicommissa, primò in infinitum et in perpetuum permissa, posteà à Justiniano ad quatuor gradus generationesve restricta sunt.

FINIS.